ANIMALS
That Make a Difference!

Sharks
Les requins

Ashley Lee

Explore other books at:
WWW.ENGAGEBOOKS.COM

VANCOUVER, B.C.

e WWW.ENGAGEBOOKS.COM

Sharks: Level 1 Bilingual (English/French) (Anglais/Français)
Animals That Make a Difference!
Lee, Ashley 1995 –
Text © 2021 Engage Books
Edited by: A.R. Roumanis
and Lauren Dick
Translated by: Amanda Yasvinski
Proofread by: Josef Oberwinzer

Text set in Arial Regular.
Chapter headings set in Arial Black.

FIRST EDITION / FIRST PRINTING

LIBRARY AND ARCHIVES CANADA CATALOGUING IN PUBLICATION

Title: Animals That Make a Difference: Sharks Level 1 Bilingual (English / French) (Anglais / Français)
Names: Lee, Ashley, author.

ISBN 978-1-77476-418-3 (hardcover)
ISBN 978-1-77476-417-6 (softcover)

Subjects:
LCSH: Sharks—Juvenile literature
LCSH: Human-animal relationships—Juvenile literature

Classification: LCC QL638.9 .L44 2020 | DDC J597.3—DC23

Contents
Table des matières

What Are Sharks?
Que sont les requins ?

Sharks are a kind of fish.
Les requins sont une
sorte de poisson.

A group of sharks is called a school.
Un groupe de requins s'appelle un banc.

What Do Sharks Look Like?
À quoi ressemblent les requins ?

Sharks can be many different sizes. Dwarf lantern sharks are only about 8 inches (20 centimeters) long. Whalesharks can be up to 59 feet (18 meters) long.

Les requins peuvent être de différentes tailles. Les requins-lanternes nains ne mesurent que 8 pouces (20 centimètres) de long. Les requins baleines peuvent mesurer jusqu'à 59 pieds (18 mètres) de long.

Shark teeth are very sharp. Most sharks have between 5 and 15 rows of teeth.

Les dents de requin sont très pointues. La plupart des requins ont entre 5 et 15 rangées de dents.

Sharks have a large fin on their backs. This fin helps them keep their balance. Les requins ont une grande nageoire sur le dos. Cette nageoire les aide à garder leur équilibre.

Sharks have holes in their bodies called gills. They use their gills to breathe. Les requins ont des trous dans leur corps appelés branchies. Ils utilisent leurs branchies pour respirer.

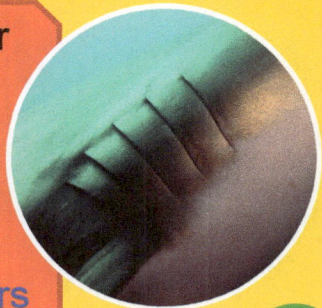

Where Do Sharks Live?
Où vivent les requins ?

Sharks live in every ocean in the world. Some sharks live in the deepest parts of the ocean. Others live near coral reefs.

Les requins vivent dans tous les océans du monde. Certains requins vivent dans les parties les plus profondes de l'océan. D'autres vivent près des récifs coralliens.

Walking sharks are found near Indonesia. Leopard catsharks live near South Africa. Chinese high-fin banded sharks come from the Yangtze River in China.

Les requins chabots se trouvent près de l'Indonésie. Les roussettes barbichettes ou les roussettes panthères vivent près de l'Afrique du Sud. Les empereurs de Chine proviennent du fleuve Yangzi en Chine.

Yangtze River
Le fleuve Yangzi

Atlantic Ocean
L'océan Arctique

Europe
L'Europe

Asia
L'Asie

Africa
L'Afrique

South Africa
L'Afrique du Sud

Pacific Ocean
L'océan Pacifique

Atlantic Ocean
L'océan Atlantique

Indian Ocean
L'ocean Indien

Indonesia
L'Indonésie

Southern Ocean
L'océan Austral

2,000 miles
2,000 miles

0

0
4,000 kilometers
4,000 kilomètres

N

Legend Légende
Land La Terre
Ocean L'Océan

What Do Sharks Eat?
Que mangent les requins ?

Sharks eat other animals that live in the ocean. Small sharks eat fish, squid, and shellfish.

Les requins mangent d'autres animaux qui vivent dans l'océan. Les petits requins mangent du poisson, des calmars et des crustacés.

Large sharks eat dolphins, sea lions, and sea turtles.

Les grands requins mangent des dauphins, des lions de mer et des tortues de mer.

How Do Sharks Talk to Each Other?

Comment les requins se parlent entre eux ?

Sharks move their bodies to tell others how they feel. Different movements mean different things.

Les requins bougent leur corps pour dire aux autres ce qu'ils ressentent. Les mouvements différents signifient des choses différentes.

Sharks feel vibrations in the water when other animals move. This helps them find other sharks.

Les requins ressentent des vibrations dans l'eau lorsque d'autres animaux se déplacent. Cela les aide à trouver d'autres requins.

Shark Life Cycle
Cycle de vie du requin

Some sharks lay eggs. Others give birth to live babies.

Certains requins pondent des œufs. D'autres donnent naissance à des bébés vivants.

Most sharks have between 2 and 20 babies. Some sharks can have up to 100 babies.

La plupart des requins ont entre 2 et 20 bébés. Certains requins peuvent avoir jusqu'à 100 bébés.

Baby sharks are called pups. They are able to find food without their mothers.

Les bébés requins sont appelés requineaux. Ils peuvent trouver de la nourriture sans leur mère.

Scientists have a hard time knowing how old sharks are. They believe some sharks can live for about 400 years.

Les scientifiques ont du mal à connaître l'âge des requins. Ils pensent que certains requins peuvent vivre environ 400 ans.

Curious Facts About Sharks

Whale sharks are the longest fish in the ocean.
Les requins baleines sont les plus longs poissons de l'océan.

Sharks lose about one tooth every week. New teeth grow back in one day.
Les requins perdent environ une dent chaque semaine. De nouvelles dents repoussent en un jour.

Sharks lived on Earth before dinosaurs.
Les requins vivaient sur Terre avant les dinosaures.

Faits curieux sur les requins

A shark's ears are inside its head.
Les oreilles d'un requin sont à l'intérieur de sa tête.

Sharks spend most of their time alone.
Les requins passent la plupart de leur temps seuls.

Most sharks will sink if they stop swimming. These sharks swim while they sleep.
La plupart des requins couleront s'ils arrêtent de nager. Ces requins nagent pendant leur sommeil.

17

Kinds of Sharks
Types de requins

There are more than 400 different kinds of sharks. They do not have bones in their bodies. They have a soft material called cartilage. This is the same material found in human ears.

Il existe plus de 400 types de requins différents. Ils n'ont pas d'os dans leur corps. Ils ont un matériau souple appelé cartilage. C'est le même matériau trouvé dans les oreilles humaines.

Hammerhead sharks can be gray, brown, or green. They can see behind themselves without turning their heads. Les requins-marteaux peuvent être gris, bruns ou verts. Ils peuvent voir derrière eux sans tourner la tête.

Basking sharks swim with their mouths open. They eat tiny living things called plankton. Les requins pèlerins nagent la bouche ouverte. Ils mangent de minuscules êtres vivants appelés plancton.

Angel sharks have flat bodies. They can blend in with the sea floor so other sharks cannot see them. Les anges de mer ont un corps plat. Ils peuvent se fondre dans le fond marin afin que les autres requins ne puissent pas les voir.

How Sharks Help Earth
Comment les requins aident la Terre

Sharks make sure ecosystems stay healthy. An ecosystem is an area where living and non-living things live.

Les requins s'assurent que les écosystèmes restent sains. Un écosystème est une zone où existent des êtres vivants et non vivants.

Sharks eat green turtles. Green turtles eat seagrass. Without sharks, turtles would eat all the seagrass in an area. Animals that eat seagrass would then disappear. They would have no food.

Les requins mangent des tortues vertes. Les tortues vertes mangent des herbiers. Sans les requins, les tortues mangeraient tous les herbiers d'une région. Les animaux qui mangent des herbiers disparaîtraient alors. Ils n'auraient pas de nourriture.

How Sharks Help Other Animals

Comment les requins aident les autres animaux

Sharks let small fish, called cleaner wrasse fish, clean food out of their teeth.

Les requins laissent des petits poissons, appelés poissons nettoyeurs, nettoyer la nourriture de leurs dents.

The sharks do not eat these fish. This gives cleaner wrasse fish lots of food to eat.

Les requins ne mangent pas ces poissons. Cela donne aux poissons nettoyeurs beaucoup de nourriture à manger.

How Sharks Help Humans
Comment les requins aident les humains

Sharks do not get sick as often as other animals. Many germs cannot stick to their skin. Les requins ne tombent pas aussi souvent malades que les autres animaux. De nombreux germes ne peuvent pas adhérer à leur peau.

Scientists have created a surface that acts like shark skin. Most germs cannot stick to it. This surface is being used in hospitals to help keep people healthy.

Les scientifiques ont créé une surface qui agit comme une peau de requin. La plupart des germes ne peuvent y adhérer. Cette surface est utilisée dans les hôpitaux pour aider à garder les gens en bonne santé.

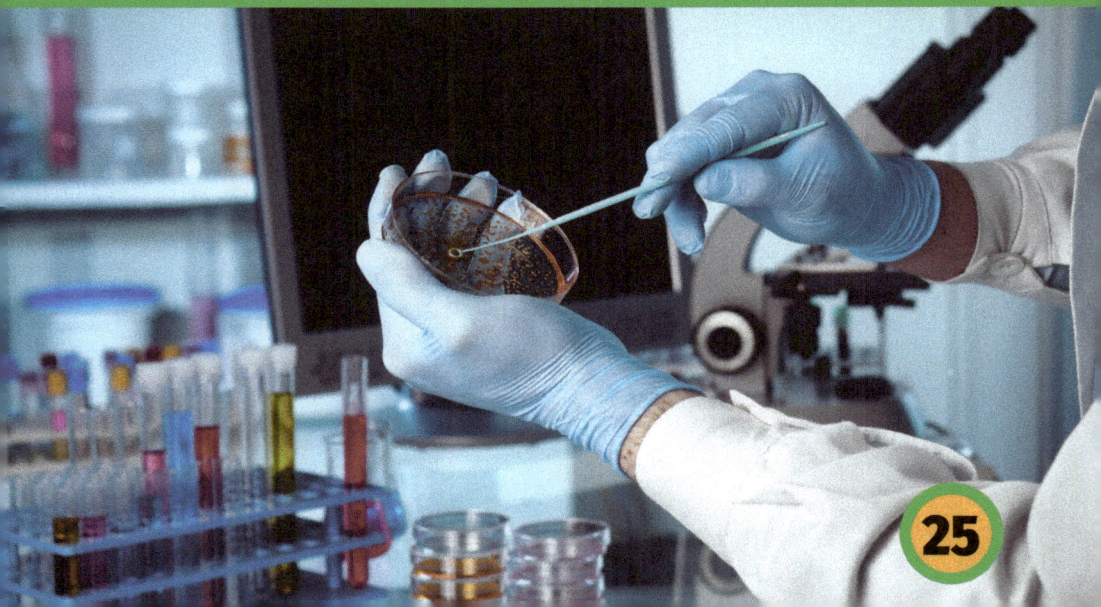

Sharks in Danger
Les requins en danger

Some people hunt sharks for their fins. They use the fins to make soup. Some shark fins have a chemical in them that can harm humans. Certaines personnes chassent les requins pour leurs nageoires. Ils utilisent les nageoires pour faire de la soupe. Certaines nageoires de requin contiennent un produit chimique qui peut nuire aux humains.

Around 100 million sharks are hunted by humans every year. Most kinds of sharks are in danger of disappearing forever. Many countries have made shark hunting illegal.

Environ 100 millions de requins sont chassés par les humains chaque année. La plupart des types de requins risquent de disparaître pour toujours. De nombreux pays ont rendu la chasse au requin illégale.

How To Help Sharks
Comment aider les requins

Lots of garbage ends up in oceans. Sharks can get trapped in pieces of garbage. They can also get sick if they eat a piece of garbage.

Beaucoup de déchets vont dans les océans. Les requins peuvent être piégés dans des déchets. Ils peuvent également tomber malades s'ils mangent des déchets.

Many people organize ocean clean-ups with their friends and family. This keeps garbage out of oceans and protects sharks.

De nombreuses personnes organisent des nettoyages de l'océan avec leurs amis et leur famille. Cela empêche les déchets d'aller dans les océans et protège les requins.

Quiz
Quiz

Test your knowledge of sharks by answering the following questions. The questions are based on what you have read in this book. The answers are listed on the bottom of the next page.

Testez vos connaissances sur les requins en répondant aux questions suivantes. Les questions sont basées sur ce que vous avez lu dans ce livre. Les réponses sont listées au bas de la page suivante.

1 What is a group of sharks called?
Comment appelle-t-on un groupe de requins?

2 What do small sharks eat?
Que mangent les petits requins?

3 What are baby sharks called?
Comment s'appellent les bébés requins?

4 How many different kinds of sharks are there?
Combien de types différents de requins existe-t-il?

5 What is an ecosystem?
Qu'est-ce qu'un écosystème?

6 How many sharks are hunted by humans every year?
Combien de requins sont chassés par les humains chaque année?

Explore other books in the Animals That Make a Difference series.

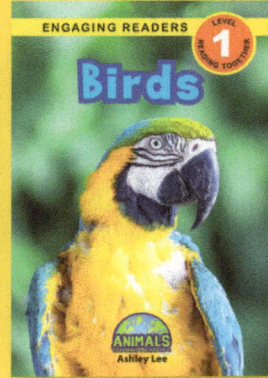

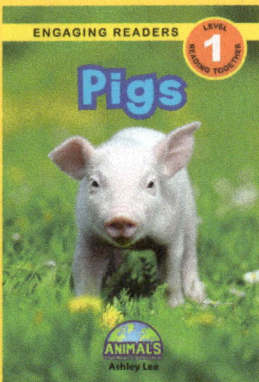

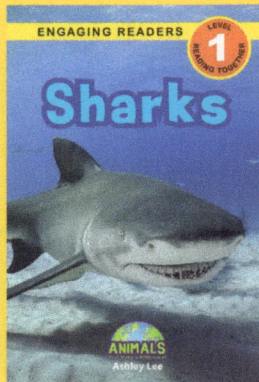

Bees

ENGAGING READERS · LEVEL 1 · READING TOGETHER
ANIMALS
Jared Siemens

Bats

ENGAGING READERS · LEVEL 1 · READING TOGETHER
ANIMALS
Ashley Lee

Birds

ENGAGING READERS · LEVEL 1 · READING TOGETHER
ANIMALS
Ashley Lee

Dolphins

ENGAGING READERS · LEVEL 1 · READING TOGETHER
ANIMALS
Ashley Lee

Horses

ENGAGING READERS · LEVEL 1 · READING TOGETHER
ANIMALS
Ashley Lee

Lady Bugs

ENGAGING READERS · LEVEL 1 · READING TOGETHER
ANIMALS
Ashley Lee

Pigs

ENGAGING READERS · LEVEL 1 · READING TOGETHER
ANIMALS
Ashley Lee

Sharks

ENGAGING READERS · LEVEL 1 · READING TOGETHER
ANIMALS
Ashley Lee

Squirrels

ENGAGING READERS · LEVEL 1 · READING TOGETHER
ANIMALS
Ashley Lee

Visit www.engagebooks.com to explore more Engaging Readers.

Answers: 1. A school 2. Fish, squid, and shellfish 3. Pups 4. More than 400 5. An area where living and non-living things live 6. Around 100 million

Réponses: 1. Un banc 2. Le poisson, les calmars et les crustacés 3. Les requineaux 4. Plus de 400 5. Un espace où vivent les êtres vivants et non vivants 6. Environ 100 millions

31

www.ingramcontent.com/pod-product-compliance
Lightning Source LLC
Chambersburg PA
CBHW051239020426
42331CB00016B/3452